BÉDU · CAUVIN

LES PSY

DUPUIS

Couleurs : Liliane Labruyère.
Maquette : Yves Amateis.

Dépôt légal : novembre 2005 — D.2005/0089/237
ISBN 2-8001-3653-7

Imprimé en Belgique.
www.dupuis.com

Du rire aux armes

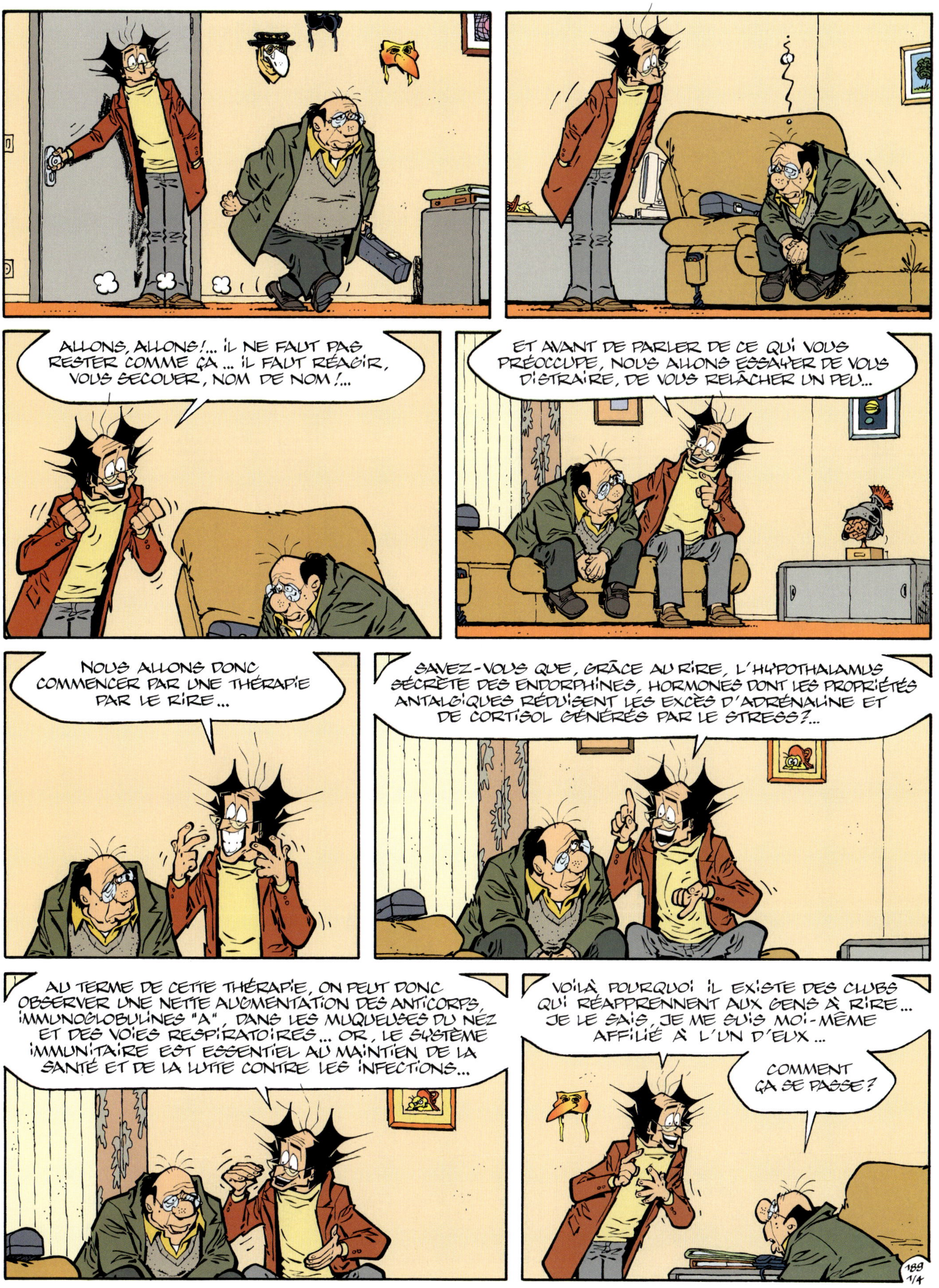

TRÈS SIMPLEMENT... VOUS VOUS LEVEZ ET VOUS ALLEZ FAIRE EXACTEMENT TOUT CE QUE JE FAIS...
INSPIREZ !
MMMMMFFFF!
HA!HA!
HA!HA!
HO!HO!
HO!HO!
HI!HI!
HI!HI!
DITES, VOUS... VOUS NE TROUVEZ PAS QU'ON A L'AIR DE DEUX GLANDS, LÀ ?...
CONTINUEZ ! VOUS ALLEZ VOIR, ÇA VA VENIR D'UN SEUL COUP !
HAHA! HOHO!
HAHA! HOHO!
HÉHÉHÉ HAHA!
HAHAHA HOHA!
HÉÉHAHAHAHAHAA!
HOHAA HAHA!
HOHAHA
WHAHAHAA
PAF
189 2/4

HAHAAHAHAA
HAHA
HAHA
HOOHAAHAHAHAA
HOU HAAÏE
WHAHA HAA
BIEN... HIHIHI... À PRÉSENT... HAHAHA... ALLEZ VOUS ÉTENDRE... HÉHÉ... ET... HAHA... RACONTEZ-MOI... HAHAHA... CE QUI NE VA PAS... HAHAAHAA...
RHAAHAHA
ALLEZ-Y... HIHIHI... JE VOUS ÉCOUTE... HAHA... HAHAAHAHA...
HOHO
HIHIII
HOHO
CETTE NUIT... HIHIHAAHA... VOISIN DU DESSUS... HAHAAHO... TROP DE BRUIT... HIHIHI... PRIS MON FUSIL... HIHIHAAA...
OUI HIHII
HAHA
ET BANG VOISIN DU DESSUS!... HAHAAHAHAHAA!
...
LE VOISIN DE PALIER... HÉHÉ... SORTI LE VOISIN DE PALIER... HÉHÉHAHA... ET...
HAHAAA!
ET BANG VOISIN DE PALIER!... HÉHÉÉHAAHAAAR!
HOHAA!
189 3/4

LE CONCIERGE ... HAHAHA ... MONTÉ ... HÉHÉ ... FURIEUX, LE CONCIERGE ... HÉHÉHOHOHO ...
ET ... HÉHÉ ...
ET BANG LE CONCIERGE ! ... WHAAHAHAAR !
DUDJÛÛ !
HiHAHA !
ET ÇA VOUS FAIT RIRE !?
OUiiii HiHii HAHAAHA !
NON MAIS, ÇA VA PAS LA TÊTE !! FAUT VOUS FAIRE SOIGNER, MON VIEUX !
HiHiiHAHAHA ! ET BANG LE PSY ! ...
IL L'A EU ?
NON, MAIS IL S'EN EST FALLU D'UN CHEVEU !
POLICE
POLICE
Plus tard ...
HAHA
ALLONS, ALLONS, DOCTEUR MÉDARD ! IL NE FAUT PAS RESTER COMME ÇA ... IL FAUT RÉAGIR, VOUS SECOUER, NOM DE NOM ! ...
HAHA
HAHA
SAVEZ-VOUS QUE, GRÂCE AU RIRE, L'HYPOTHALAMUS SÉCRÈTE DES ...
JE SAIS, JE SAIS ... MAIS JE N'AI PAS ENVIE AUJOURD'HUI !
CAUVIN - BÉDU

Camion de beauté

QUESTION DE GOÛT !
J'AIME AUTANT VOUS AVOUER TOUT DE SUITE QUE J'AI UNE SAINTE HORREUR DE CE GENRE DE FILLES QUI ONT AUSSI PEU DE FORMES QU'UNE PLANCHE À PAIN ET QUI PASSENT LEUR TEMPS À PRÉSENTER DES VÊTEMENTS FRISANT SOUVENT LE RIDICULE !
...QUI MARCHENT DE TELLE FAÇON QU'ON SE DEMANDE SI...
SI ELLES NE SONT PAS ATTEINTES DE LA MALADIE DE LA VACHE FOLLE !...
...QUI, ARRIVÉES EN BOUT DE PODIUM, MARQUENT UN PETIT TEMPS D'ARRÊT,...
AVEC, DANS LEUR REGARD, AUTANT D'EXPRESSION QUE DANS CELUI D'UN ÉPAGNEUL PICARD DEVANT UN CHAMP DE NAVETS !...
ET S'EN RETOURNENT D'OÙ ELLES SONT VENUES...
EN REMUANT LEUR PETIT POPOTIN !
...TELLEMENT PETIT QU'ON EN ARRIVE À SE DEMANDER COMMENT ELLES PARVIENNENT ENCORE À S'ASSEOIR DESSUS !
MAIS ENFIN, DITES-MOI... EST-CE VRAIMENT ÇA QUE VOUS VOULEZ ?
190 2/3

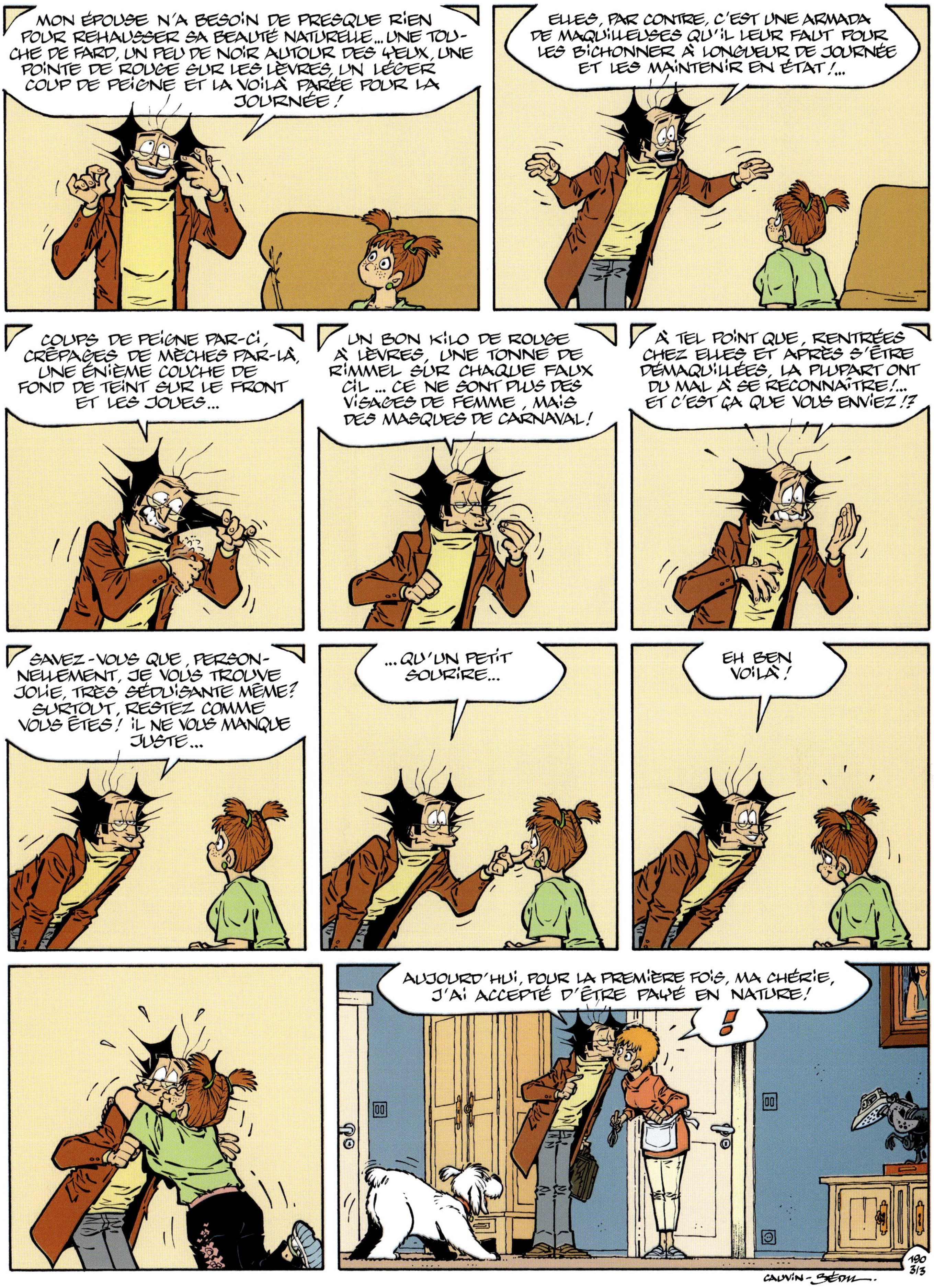
MON ÉPOUSE N'A BESOIN DE PRESQUE RIEN POUR REHAUSSER SA BEAUTÉ NATURELLE... UNE TOUCHE DE FARD, UN PEU DE NOIR AUTOUR DES YEUX, UNE POINTE DE ROUGE SUR LES LÈVRES, UN LÉGER COUP DE PEIGNE ET LA VOILÀ PARÉE POUR LA JOURNÉE !
ELLES, PAR CONTRE, C'EST UNE ARMADA DE MAQUILLEUSES QU'IL LEUR FAUT POUR LES BICHONNER À LONGUEUR DE JOURNÉE ET LES MAINTENIR EN ÉTAT !...
COUPS DE PEIGNE PAR-CI, CRÊPAGES DE MÈCHES PAR-LÀ, UNE ÉNIÈME COUCHE DE FOND DE TEINT SUR LE FRONT ET LES JOUES...
UN BON KILO DE ROUGE À LÈVRES, UNE TONNE DE RIMMEL SUR CHAQUE FAUX CIL ... CE NE SONT PLUS DES VISAGES DE FEMME, MAIS DES MASQUES DE CARNAVAL !
À TEL POINT QUE, RENTRÉES CHEZ ELLES ET APRÈS S'ÊTRE DÉMAQUILLÉES, LA PLUPART ONT DU MAL À SE RECONNAÎTRE !... ET C'EST ÇA QUE VOUS ENVIEZ !?
SAVEZ-VOUS QUE, PERSONNELLEMENT, JE VOUS TROUVE JOLIE, TRÈS SÉDUISANTE MÊME ? SURTOUT, RESTEZ COMME VOUS ÊTES ! IL NE VOUS MANQUE JUSTE...
...QU'UN PETIT SOURIRE...
EH BEN VOILÀ !
AUJOURD'HUI, POUR LA PREMIÈRE FOIS, MA CHÉRIE, J'AI ACCEPTÉ D'ÊTRE PAYÉ EN NATURE !
!
190
313
CAUVIN - SÉDYL

Maudimat !

MERCI D'AVOIR FAIT VITE, DOCTEUR !
À VOTRE SERVICE, MONSIEUR LE COMMISSAIRE... DE QUOI S'AGIT-IL ?
UNE PATROUILLE A INTERPELLÉ DANS LA RUE UN DINGUE QUI S'AMUSAIT À CRACHER SUR TOUT LE MONDE !
QUAND ILS L'ONT AMENÉ ICI, JE NE VOUS DIS PAS... LE DÉGOÛTANT !... TOUT LE MONDE EN A PRIS POUR SON GRADE !
QUE VOULEZ-VOUS QUE JE FASSE ?
DÉCIDER SI JE LE GARDE ICI, AU BLOC, POUR OUTRAGE À AGENT DANS L'EXERCICE DE SES FONCTIONS OU SI JE L'ENVOIE ILLICO À L'ASILE POUR SE FAIRE SOIGNER !
JE PEUX LUI PARLER ?
C'EST POUR CELA QUE JE VOUS AI FAIT VENIR...
J'OSE ESPÉRER QUE VOUS N'ALLEZ PAS ME CRACHER DESSUS...
POUR L'INSTANT, JE NE VOIS AUCUNE RAISON !
BIEN ! À PRÉSENT, VOUS ALLEZ M'EXPLIQUER POURQUOI VOUS AVEZ CETTE CURIEUSE ATTITUDE VIS-À-VIS DE VOS CONTEMPORAINS...
L'AUDIMAT !
?
188 1/5

ENFANT, MON RÊVE ÉTAIT DE DEVENIR ANIMATEUR À LA TÉLÉVISION... UN JOUR, PAR UN HEUREUX HASARD, J'AI PU Y ENTRER PAR LA PETITE PORTE...
J'AI COMMENCÉ PAR DES PETITS BOULOTS. GARÇON DE BUREAU...
PORTEUR DE CÂBLES...
ACCESSOIRISTE...
ASSISTANT-DÉCORATEUR...
PARFOIS, AU HASARD D'UN COULOIR, JE CROISAIS LA STAR TÉLÉVISUELLE DU MOMENT... LA TÊTE HAUTE, BOMBANT LE TORSE, IL SE RENDAIT FIÈREMENT DANS LES BUREAUX DE LA DIRECTION, SOUS LE REGARD ENVIEUX DES ASPIRANTS ... ET DU MIEN !
STUDIO 301 B
EXIT
24-36
MAIS, TÔT OU TARD, ON LA VOYAIT REPASSER, LA TÊTE BASSE, LA POITRINE CREUSE, QUITTANT LES BUREAUX DE LA DIRECTION ET SE DIRIGEANT HONTEUSEMENT VERS LA SORTIE, SOUS L'OEIL GOGUENARD DES ASPIRANTS ... ET DU MIEN !

QUE S'ÉTAIT-IL PASSÉ ?
L'AUDIMAT !
DE MON CÔTÉ, JE GRAVISSAIS LES ÉCHELONS UN PAR UN... J'AI COMMENCÉ PAR FAIRE DE RAPIDES APPARITIONS À L'ÉCRAN... DES REMPLACEMENTS LE PLUS SOUVENT... LA MÉTÉO, PAR EXEMPLE...
TÉLÉ-ACHAT...
shop tv
QUELQUES NOUVELLES BRÈVES...
info tv
HAHAHA !... IL ME SEMBLAIT BIEN QUE VOTRE TÊTE NE M'ÉTAIT PAS INCONNUE...
ENSUITE ?
UN JOUR, ON M'A DONNÉ MA CHANCE ! ON M'A PROPOSÉ UNE ÉMISSION, POUR **MOI**,... **TOUT SEUL** !
CE FUT LE MOMENT LE PLUS MERVEILLEUX DE MA VIE !... J'Y AI MIS TOUT MON COEUR, TOUTE MON ÉNERGIE... JE ME SUIS DÉPENSÉ SANS COMPTER !
DURANT TOUT UN TEMPS, ÇA A MARCHÉ... J'ÉTAIS DEVENU LA STAR DE LA CHAINE ! À MON TOUR, JE POUVAIS FIÈREMENT MARCHER DANS LES COULOIRS, LA TÊTE HAUTE, BOMBANT LE TORSE EN ME RENDANT DANS LES BUREAUX DE LA DIRECTION, SOUS LE REGARD ENVIEUX DES ASPIRANTS...
STUDIO 301 B
188 315

PUIS UN JOUR, **PAF!**... ÇA M'EST TOMBÉ DESSUS !
QUOI ÇA ?
L'AUDIMAT !
MAIS QU'EST-CE QUE C'EST EXACTEMENT, L'AUDIMAT ?
LE SYSTÈME D'ÉVALUATION DE L'AUDIENCE TÉLÉVISUELLE !... LA **HANTISE** DES PRODUCTEURS ET DES ANIMATEURS !
JE L'AI TOUJOURS COMPARÉ À UNE CUVE À MAZOUT... TANT QUE LA MAJORITÉ DES TÉLÉSPECTATEURS REGARDE VOTRE ÉMISSION, LA CUVE EST REMPLIE À RAS BORD... LA MAISON EST BIEN CHAUFFÉE ET TOUT LE MONDE EST CONTENT !
AH OUI.
MAIS SI LA MAJORITÉ DÉCROCHE ET ZAPPE AU PROFIT D'AUTRES ÉMISSIONS, VOTRE CUVE SE VIDE, LA MAISON EST FROIDE ET VOUS ÊTES PRIÉ D'ALLER VOUS FAIRE VOIR AILLEURS !
AH BON ?
EXIT
24-36
MON TOUR ÉTAIT VENU !... CE JOUR-LÀ, J'AI QUITTÉ LES BUREAUX DE LA DIRECTION ET J'AI PARCOURU HONTEUSEMENT LES COULOIRS, TÊTE BASSE, LA POITRINE CREUSE, ME DIRIGEANT VERS LA SORTIE SOUS L'OEIL GOGUENARD DES ASPIRANTS...
JE COMMENCE À COMPRENDRE VOTRE RESSENTIMENT VIS-À-VIS DE VOS CONTEMPORAINS...
DANS LE FOND, VOUS LEUR REPROCHEZ DE NE PAS VOUS AVOIR SUIVI, DE NE PAS VOUS AVOIR SOUTENU EN REGARDANT VOTRE ÉMISSION... BREF, VOUS NE LEUR PARDONNEZ PAS DE VOUS AVOIR POUSSÉ VERS LA SORTIE !...
C'EST CELA ! C'EST EXACTEMENT CELA !

TAP TAP TAP
C'ÉTAIT QUOI, VOTRE ÉMISSION ?
"NE ZAPPEZ PAS, ÇA VA ÊTRE SHOW !"
MMM... NON, ÇA NE ME DIT RIEN... MAIS ALORS LÀ, RIEN DU TOUT !
QUAND VOUS ÊTES ENTRÉ, JE N'AVAIS AUCUNE RAISON... À PRÉSENT, J'EN AI UNE !
HEIN ? QUELLE RAISON ?
RHH... PTUUU
!?
MILLE MILLIARDS DE ... !... CE DÉGOÛTANT M'A CRACHÉ DESSUS !
ALLEZ-Y VOUS AUTRES !
ALORS ? VOUS AVEZ DÉCIDÉ ?
OUAIS ! L'ASILE !
PTUU PTUU
C'EST FINI OUI ?
MOTIF ?
L'AUDIMAT !
JE N'AURAIS JAMAIS CRU QUE L'AUDIMAT POUVAIT MENER UNE PERSONNE À L'ASILE !
OH, QUE SI ! ET, CROIS-MOI, QUAND JE VOIS CE GENRE D'ÉMISSION, JE ME DIS QU'IL Y EN A PAS MAL D'AUTRES QUI VONT SUIVRE !...
188 515
CAUVIN - SÉDIL.

Self-service

Moi double

IL EST ARRIVÉ, HIER MATIN, À MON CABINET...
ALLEZ-Y, JE VOUS ÉCOUTE !
JE VOUS REMERCIE, DOCTEUR...
04CB187
VOYEZ-VOUS, JUSQU'IL Y A QUELQUES NUITS ENCORE, MON "DOUBLE MOI" PRENAIT PLAISIR À SE DÉTACHER DE MON ENVELOPPE CHARNELLE POUR ALLER SE BALADER DANS LES ESPACES INTERSIDÉRAUX...
?
C'EST PLUS COURANT QUE VOUS NE PENSEZ... TOUT LE MONDE A EN SOI CE DON DE DÉDOUBLEMENT, MAIS RARES SONT CEUX QUI EN PROFITENT...
EUH... ET... HUM... VOUS POURRIEZ M'EXPLIQUER COMMENT ÇA SE PASSE ?
BIEN SÛR...
LE SOIR, À PEINE ENDORMI...
187
1/5

ET AU MATIN...
MAIS DEPUIS QUELQUE TEMPS, PLUS RIEN !...
FFF...
MON "DOUBLE MOI" NE ME QUITTE PLUS... ON DIRAIT QU'IL A PERDU LE GOÛT DE SES SORTIES NOCTURNES AUXQUELLES POURTANT IL SEMBLAIT PRENDRE TANT DE PLAISIR...
PSCHIIIT
J'AI AUSSITÔT PENSÉ QU'IL AVAIT UN PROBLÈME... VOILÀ POURQUOI JE SUIS VENU VOUS DEMANDER DE BIEN VOULOIR M'AIDER...
?
AUTREMENT DIT, ET SI JE VOUS COMPRENDS BIEN, VOUS VOUDRIEZ QUE JE M'ENTRETIENNE AVEC LE "VOUS" DE VOUS ?...
NON ! PAS VOUS !
MAIS **VOTRE** DOUBLE À **VOUS** AVEC **MON** DOUBLE À **MOI** !
PSCHIIIIT
187 2/5

EN CLAIR, VOUS AIMERIEZ QUE MON DOUBLE À MOI S'INTÉRESSE AU CAS DE VOTRE DOUBLE À VOUS ?
C'EST EXACTEMENT CELA...
J'AI DÉJÀ RENCONTRÉ PAS MAL DE TAPÉS... MAIS ALORS VOUS, SI VOUS DEVIEZ MONTER SUR UN PODIUM, CE SERAIT SUR LA PLUS HAUTE MARCHE AVEC LA MÉDAILLE D'OR !
!
BIEN ! SUPPOSONS QUE J'ACCEPTE... ATTENTION ! J'AI BIEN DIT SUP-PO-SONS...
POURRIEZ-VOUS ÉVENTUELLEMENT M'EXPLIQUER LA FAÇON DE PROCÉDER ?
C'EST TRÈS SIMPLE... CE SOIR, QUAND VOUS VOUS METTREZ AU LIT ET QUE VOUS VOUS ENDORMIREZ, VOTRE "DOUBLE VOUS" SAURA CE QU'IL A À FAIRE...
ET... QU'EST-CE QU'IL AURA À FAIRE ?
REJOINDRE MON "DOUBLE MOI" QUI L'ATTENDRA ICI !...
C'EST TOUT ?
C'EST TOUT.
ET ENSUITE ?
J'AI, BIEN SÛR, TROUVÉ CETTE HISTOIRE ABRACADABRANTE ET, SANS RIEN LUI PROMETTRE, JE L'AI RENVOYÉ CHEZ LUI...
MAIS, TOUT LE RESTE DE LA JOURNÉE, SON CAS N'A PAS ARRÊTÉ DE ME TURLUPINER...
187 3/5

SI BIEN QUE, LE SOIR VENU, ...
Bizz
ZZ...
RROFL...
ET L'INCROYABLE S'EST ALORS PRODUIT !
NOOON ?!
Siiiii !
RR...
!
?

À VOTRE AVIS, QU'EST-CE QU'ILS SE SONT DIT ?
ALLEZ SAVOIR CE QUI PEUT SE RACONTER ENTRE DOUBLES...
TOUT CE QUE JE PUIS VOUS DIRE, C'EST QUE CE MATIN, À L'AUBE, MON DOUBLE À MOI EST REVENU...
A REPRIS SA PLACE...
RRFLL...
ET QUE, CET APRÈS-MIDI, IL EST VENU À MON CABINET POUR ME REMERCIER !...
QUI ÇA ? LE DOUBLE ?
MAIS NON ! LE "SIMPLE LUI" !
DITES-MOI SINCÈREMENT CE QUE VOUS EN PENSEZ, MON CHER CONFRÈRE...
CE MÉTIER NOUS RENDRA FOUS !
187 5/5
CAUVIN - SÉDIL.

Fraude heure

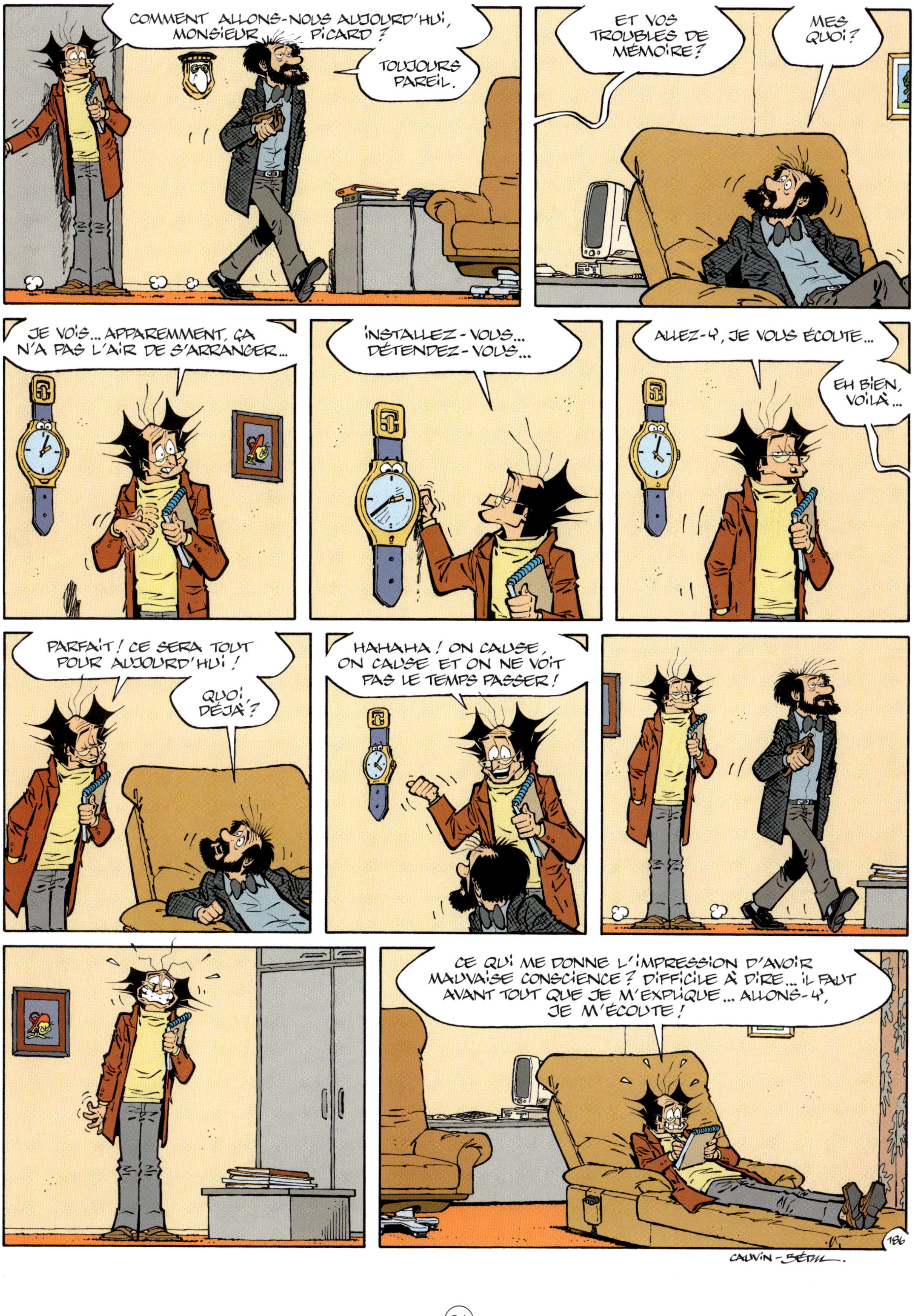

Je d'enfants

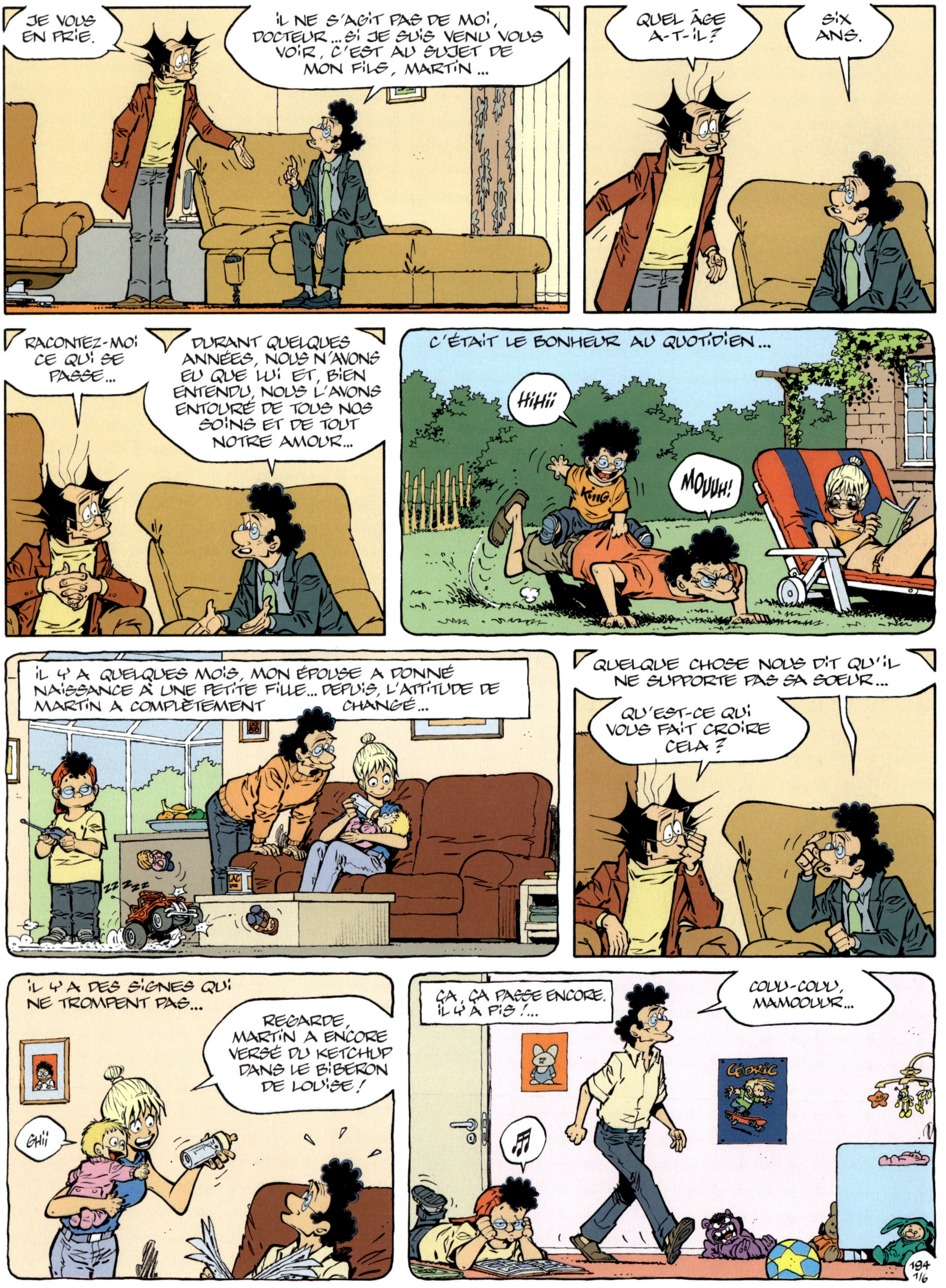

JE VOUS EN PRIE.
IL NE S'AGIT PAS DE MOI, DOCTEUR... SI JE SUIS VENU VOUS VOIR, C'EST AU SUJET DE MON FILS, MARTIN...
QUEL ÂGE A-T-IL?
SIX ANS.
RACONTEZ-MOI CE QUI SE PASSE...
DURANT QUELQUES ANNÉES, NOUS N'AVONS EU QUE LUI ET, BIEN ENTENDU, NOUS L'AVONS ENTOURÉ DE TOUS NOS SOINS ET DE TOUT NOTRE AMOUR...
C'ÉTAIT LE BONHEUR AU QUOTIDIEN...
HIHII
MOUUH!
KING
IL Y A QUELQUES MOIS, MON ÉPOUSE A DONNÉ NAISSANCE À UNE PETITE FILLE... DEPUIS, L'ATTITUDE DE MARTIN A COMPLÈTEMENT CHANGÉ...
ZZZZZ
QUELQUE CHOSE NOUS DIT QU'IL NE SUPPORTE PAS SA SOEUR...
QU'EST-CE QUI VOUS FAIT CROIRE CELA ?
IL Y A DES SIGNES QUI NE TROMPENT PAS...
REGARDE, MARTIN A ENCORE VERSÉ DU KETCHUP DANS LE BIBERON DE LOUISE !
GHII
ÇA, ÇA PASSE ENCORE. IL Y A PIS !...
COUU-COUU, MAMOUUUR...
CÉDRIC
194 1/6

MAMOUR ?
MARTIN, TU DEVRAIS AVOIR HONTE!
GHÎÎ
GHÈE
ÇA LUI ARRIVE SOUVENT?
HÉLAS, DE PLUS EN PLUS RÉGULIÈREMENT...
TENEZ, LA DERNIÈRE FOIS...
KRIIP
WAF WOOF WAF
WAF WOF WAF WAF
?!
KRIIP
MARTIN, TU DEVRAIS AVOIR HONTE!
GHÈE
WOOF

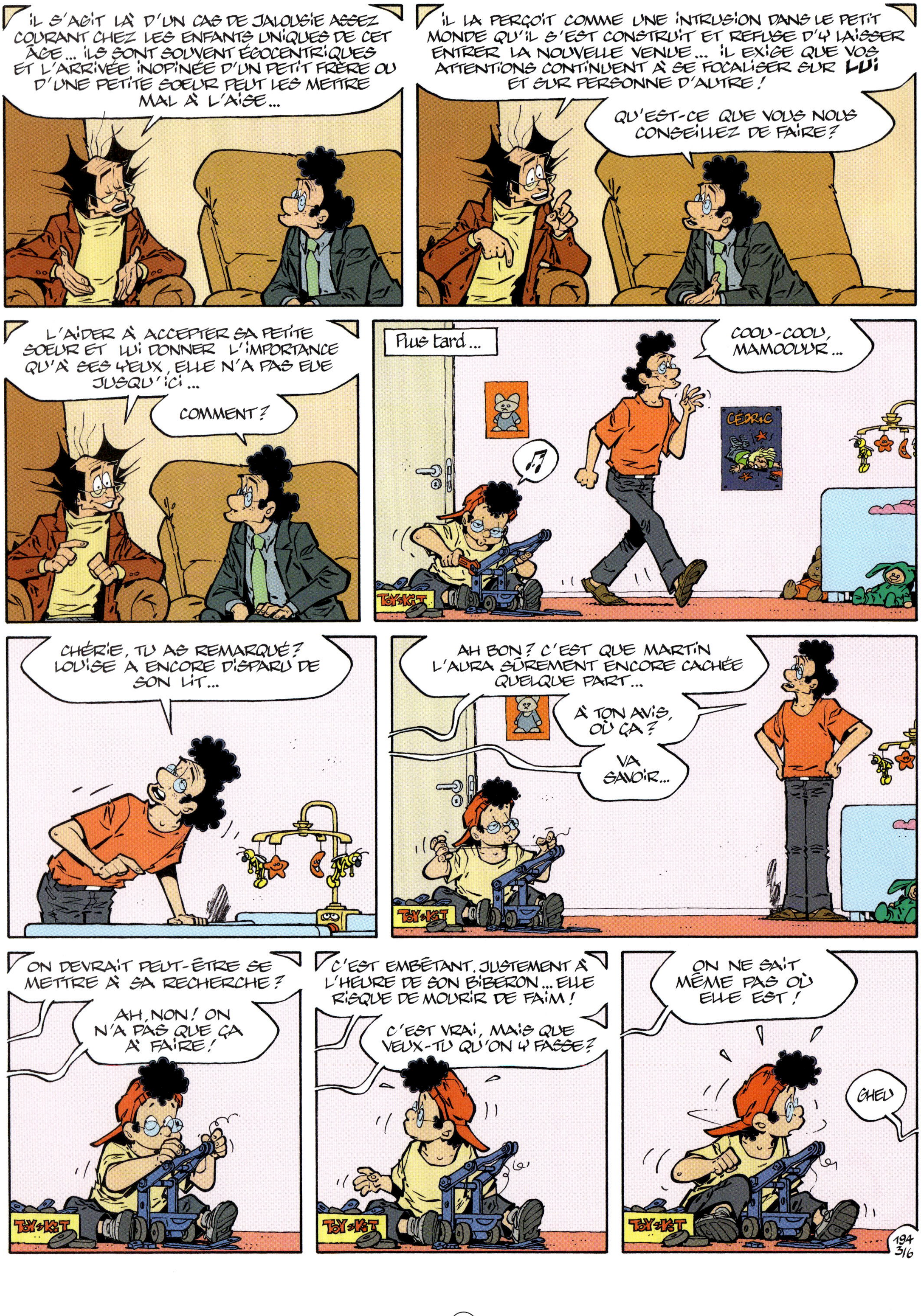
IL S'AGIT LÀ D'UN CAS DE JALOUSIE ASSEZ COURANT CHEZ LES ENFANTS UNIQUES DE CET ÂGE... ILS SONT SOUVENT ÉGOCENTRIQUES ET L'ARRIVÉE INOPINÉE D'UN PETIT FRÈRE OU D'UNE PETITE SOEUR PEUT LES METTRE MAL À L'AISE...
IL LA PERÇOIT COMME UNE INTRUSION DANS LE PETIT MONDE QU'IL S'EST CONSTRUIT ET REFUSE D'Y LAISSER ENTRER LA NOUVELLE VENUE... IL EXIGE QUE VOS ATTENTIONS CONTINUENT À SE FOCALISER SUR LUI ET SUR PERSONNE D'AUTRE !
QU'EST-CE QUE VOUS NOUS CONSEILLEZ DE FAIRE ?
L'AIDER À ACCEPTER SA PETITE SOEUR ET LUI DONNER L'IMPORTANCE QU'À SES YEUX, ELLE N'A PAS EUE JUSQU'ICI...
COMMENT ?
Plus tard...
COOU-COOU, MAMOOUUR...
CÉDRIC
TOY-KIT
CHÉRIE, TU AS REMARQUÉ ? LOUISE A ENCORE DISPARU DE SON LIT...
AH BON ? C'EST QUE MARTIN L'AURA SÛREMENT ENCORE CACHÉE QUELQUE PART...
À TON AVIS, OÙ ÇA ?
VA SAVOIR...
TOY-KIT
ON DEVRAIT PEUT-ÊTRE SE METTRE À SA RECHERCHE ?
AH, NON ! ON N'A PAS QUE ÇA À FAIRE !
TOY-KIT
C'EST EMBÊTANT, JUSTEMENT À L'HEURE DE SON BIBERON... ELLE RISQUE DE MOURIR DE FAIM !
C'EST VRAI, MAIS QUE VEUX-TU QU'ON Y FASSE ?
TOY-KIT
ON NE SAIT MÊME PAS OÙ ELLE EST !
GHEU
TOY-KIT
194 3/6

GHiii
AH, TU L'AS RETROUVÉE ? C'EST BIEN.
GHEU
MTUU
TIENS, DONNE-LUI SON BIBERON ... MOI, JE SUIS TROP OCCUPÉE !
!
DIBDIB DIDIB DIB DIB DIDIB
OOiiiN
POP
SSRRP
GLGL SSRRP GLGL SSRRP GLGL
194 4/6

BRUP
DAA
FROÔÔT
GHiiHiii
DÈS QUE JE L'AURAi CHANGÉE, TU iRAS LA COUCHER ... J'Ai AUTRE CHOSE À FAiRE ...
DiDii
TOC TOC TAK
TAK TAK
MMT
HOP ! DODO !
OOiiiiiiN
M'AN, ELLE VEUT PAS DORMiR !
TROUVE QUELQUE CHOSE ! C'EST TA SOEUR, APRÈS TOUT !
OOiiiiiiiiN
OOiiiiN
... ET LÀ, C'EST FRiPON, LE COCHON ... RHOO ! ... L'EST TOUT DÉGUEU ! ...
DAA
Fripon le Cochon
194 5/6

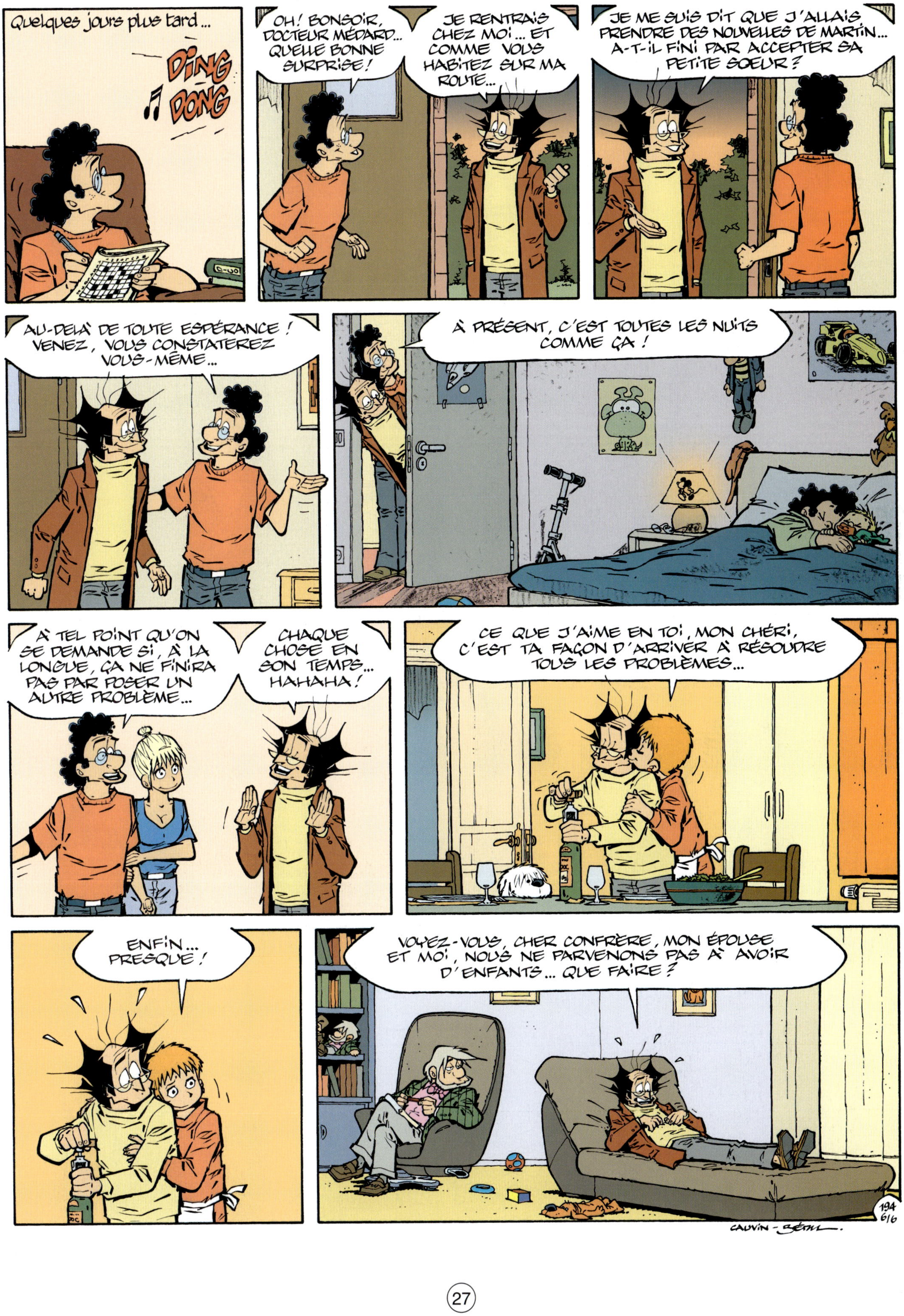

Quelques jours plus tard...
DING DONG
OH ! BONSOIR, DOCTEUR MÉDARD... QUELLE BONNE SURPRISE !
JE RENTRAIS CHEZ MOI... ET COMME VOUS HABITEZ SUR MA ROUTE...
JE ME SUIS DIT QUE J'ALLAIS PRENDRE DES NOUVELLES DE MARTIN... A-T-IL FINI PAR ACCEPTER SA PETITE SOEUR ?
AU-DELÀ DE TOUTE ESPÉRANCE ! VENEZ, VOUS CONSTATEREZ VOUS-MÊME...
À PRÉSENT, C'EST TOUTES LES NUITS COMME ÇA !
À TEL POINT QU'ON SE DEMANDE SI, À LA LONGUE, ÇA NE FINIRA PAS PAR POSER UN AUTRE PROBLÈME...
CHAQUE CHOSE EN SON TEMPS... HAHAHA !
CE QUE J'AIME EN TOI, MON CHÉRI, C'EST TA FAÇON D'ARRIVER À RÉSOUDRE TOUS LES PROBLÈMES...
ENFIN... PRESQUE !
VOYEZ-VOUS, CHER CONFRÈRE, MON ÉPOUSE ET MOI, NOUS NE PARVENONS PAS À AVOIR D'ENFANTS... QUE FAIRE ?
194 6/6
CAUVIN - BÉDU

Allo-pathie

... ALORS, JE ME METS À ANGOISSER, J'AI LA GORGE QUI SE SERRE, JE TRANSPIRE, MES MAINS TREMBLENT...
FFFF
TULULUT TULULUT TULULUT
VOUS PERMETTEZ ?
TULULUT TULULUT TULULUT
ALLO ! OUI ?... OUI, BIEN SÛR... UN INSTANT, VOULEZ-VOUS ? JE CONSULTE MON AGENDA...
OUI... JEUDI 14 AVRIL, À 16 HEURES PRÉCISES... VOILÀ... AU REVOIR, MADAME.
DÉSOLÉ !
OÙ EN ÉTIONS-NOUS ?
...LES MAINS QUI TREMBLENT...
TULULUT TULULUT TULULUT
VOUS PERMETTEZ ?
TULULUT TULULUT TULULUT
193 1/2

ALLO! OUI ?... REMETTRE VOTRE RENDEZ-VOUS À PLUS TARD? JE VAIS VOIR SI C'EST POSSIBLE... JEUDI 9 JUIN, ÇA VOUS CONVIENT ?...
MÊME HEURE... PARFAIT... JE NOTE... C'EST CELA, À BIENTÔT!
EUH... DÉSOLÉ!... VRAIMENT...
KLIK
DÉSO...
TULULUT TULULUT TULU...
ALLO!
PARDON?
AH NON, MONSIEUR, JE NE FAIS AUCUNE CONSULTATION PAR TÉLÉPHONE!
FAITES COMME TOUT LE MONDE... VOUS PRENEZ RENDEZ-VOUS ET VOUS VOUS PRÉSENTEZ À MON CABINET!
COMMENT ÇA, VOUS Y ÊTES?
HÉHÉ... EUH... AHEM... OÙ EN ÉTIONS-NOUS?
LES MAINS QUI TREMBLENT...
TRÈS BIEN, CONTINUEZ!
TÔÔÔÔ...
193 2/2
CAUVIN - SÉDIL.

L'avis de la ménagère

Volées d'escalier

Astraphobie

SURGISSANT DE L'ÂTRE, UNE VÉRITABLE BOULE DE FEU A TRAVERSÉ LA PIÈCE EN DÉVASTANT TOUT SUR SON PASSAGE !...
KRAAK
KRRTZ
KRRTZ
KRRTZ
KRRTZ
JE M'EN SUIS TIRÉ SANS UNE ÉGRATIGNURE, MAIS MON SALON RESSEMBLAIT À S'Y MÉPRENDRE À CE QU'AVAIT DÛ ÊTRE LA SALLE DE CONTRÔLE DE LA CENTRALE NUCLÉAIRE DE TCHERNOBYL SITÔT APRÈS L'EXPLOSION DU RÉACTEUR !
ALLONS DONC, VOUS N'ÊTES PAS SÉRIEUX ? CE... CE GENRE DE CHOSE N'ARRIVE JAMAIS !
C'EST CE QUE VOUS CROYEZ... EN TOUT CAS, CHEZ MOI, C'EST ARRIVÉ !
RENSEIGNEZ-VOUS ET VOUS CONSTATEREZ QUE JE N'AI PAS MENTI...
SLAM
ALLO !... L'INSTITUT DES PHÉNOMÈNES MÉTÉOROLOGIQUES ?...
Peu après...
SI, À PARTIR DE MAINTENANT, CHAQUE FOIS QU'UN ORAGE ÉCLATE, IL FAUT DESCENDRE TOUT LE MOBILIER À LA CAVE ET Y RESTER DANS LE NOIR TOTAL EN ATTENDANT QUE ÇA PASSE... EH BEN, MERCI !...
KRAAK
BROMMOMBOLOM
TU VEUX QUE JE TE DISE, ANTOINE ?... CE MÉTIER TE RENDRA FOU !
JE CROIS AUSSI !
195 2/2
CAUVIN - SÉTHI

Traitement spatial

HAHAHA !... TU TE RENDS COMPTE, ÉTIENNE, ILS NOUS ONT ENVOYÉ UN PSY !
SI VOUS TENEZ VRAIMENT À NOUS AIDER, CONVAINQUEZ-LES PLUTÔT DE NOUS FAIRE REDESCENDRE !
MAIS...
Y A PAS DE MAIS !... JUSQU'ICI, JE N'AI JAMAIS CONSULTÉ DE PSY ET CE N'EST PAS AUJOURD'HUI QUE JE VAIS COMMENCER !
MOI NON PLUS !
... MAIS, ÉCOUTEZ-MOI ...
NAN !
ON VEUT RIEN ÉCOUTER !
ON VEUT RE-DES-CEN-DRE !
Plus tard...
ALORS ?... VOUS AVEZ RÉUSSI ?
OUI !
CONSTATEZ VOUS-MÊMES ... VOUS NE LES ENTENDEZ PLUS SE PLAINDRE ... ILS NE PARLENT PLUS DU TOUT DE REDESCENDRE ...
INCROYABLE !
ON VEUT REDESCENDRE !
MAIS COMMENT AVEZ-VOUS FAIT ?
SIMPLE QUESTION DE PROFESSIONNALISME !
TE FATIGUE PAS, ÉTIENNE ... IL A COUPÉ LE MICRO !
202 2/2
CAUVIN - SÉDIL

Les psy ratent le "coach"

Jeux drôles

J'ADORE LE JEU, MAIS À CHAQUE FOIS QUE JE PERDS, JE NE PEUX PAS M'EMPÊCHER D'ENTRER DANS DES RAGES FOLLES !... RÉSULTAT, PLUS PERSONNE NE VEUT JOUER AVEC MOI !
VOYONS CELA...
?
VOUS SAVEZ JOUER AUX ÉCHECS ?
J'ADORE !... MAIS VOUS... VOUS NE CRAIGNEZ PAS QUE ...?
SI JE PEUX ARRIVER À FAIRE QUELQUE CHOSE POUR VOUS, FORCE M'EST DE VOUS METTRE D'ABORD EN SITUATION...
ALLEZ-Y, COMMENCEZ !
ÉCHEC ET MAT !
DÉSOLÉ...
NE ME DITES PAS QUE, JUSQU'À CE JOUR, VOUS IGNORIEZ QUE, VOUS AUSSI, VOUS SOUFFRIEZ DU SYNDROME DU MAUVAIS PERDANT ?
JE VOUS JURE QUE SI !
201
CAUVIN - BÉDU.

Flamme fatale

JE SUIS SAUVÉE !
ÇA N'A DONC RIEN À VOIR AVEC UN CAUCHEMAR, PUISQU'À CHAQUE FOIS, TOUT SE TERMINE BIEN...
D'ACCORD AVEC VOUS, MAIS ÇA POURRAIT LE DEVENIR...
SUPPOSONS QUE LORS D'UN PROCHAIN RÊVE, JE ME PRÉCIPITE VERS LA FENÊTRE...
KHEU KHEUAR
KHEUR
J'OUVRE... IL N'EST PAS LÀ ! QU'EST-CE QUE JE FAIS, MOI ?
ET POURQUOI NE SERAIT-IL PAS LÀ ?
JE NE SAIS PAS, MOI... PEUT-ÊTRE EN CONGÉ DE MALADIE... OU EN GRÈVE...
EFFECTIVEMENT...
GRATT
GRATT GRATT
JE NE VOIS QU'UNE SOLUTION...
Plus tard...
ALORS, TA FEMME ?
ELLE VA BEAUCOUP MIEUX... À PRÉSENT, C'EST MOI QUI DORS MAL ! C'EST VRAI QU'À TROIS DANS LE MÊME LIT...
À TROIS ?
ELLE, MOI... ET L'EXTINCTEUR ENTRE NOUS DEUX !
203 2/2
CAUVIN - BÉDU

Scène de vie

DOCTEUR MÉDARD, VOUS ME REMETTEZ ?
HEIN ? EUH... JE...
IL Y A QUELQUE TEMPS, J'ÉTAIS VENU VOUS VOIR, CAR JE SOUFFRAIS D'UN HORRIBLE TRAC À CHAQUE FOIS QUE JE DEVAIS MONTER SUR SCÈNE...
RAPPELEZ-VOUS, J'AVAIS UNE DOULEUR EFFROYABLE DANS LA POITRINE, DES PALPITATIONS, LES JAMBES EN COTON,...
LES MAINS MOITES, LA GORGE NOUÉE, LA BOUCHE SÈCHE,...
OUI, ET ALORS ?
J'AI SUIVI VOS CONSEILS... QUELQUES RESPIRATIONS PROFONDES AVANT D'Y ALLER ET TOUT MARCHE COMME SUR DES ROULETTES !
OH, OUI ! JE ME SOUVIENS À PRÉSENT...
MAIS DITES-MOI, SI MES SOUVENIRS SONT EXACTS, VOUS NE M'AVIEZ PAS PRÉCISÉ QUEL GENRE D'ARTISTE VOUS ÉTIEZ...
PARCE QUE JE NE SUIS PAS ARTISTE DU TOUT !...
JE FAIS PARTIE DE L'ÉQUIPE DE NETTOYAGE... C'EST MOI QUI BALAIE LA SCÈNE !...
BÊTE TYPE !
199
CAUVIN - BÉDU.

Pété indien

VOUS PERMETTEZ ?
!
CROYEZ-VOUS À LA RÉINCARNATION, DOCTEUR ?
BEN...
MOI, J'Y CROIS !... J'AI L'ABSOLUE CERTITUDE D'AVOIR ÉTÉ UN INDIEN DANS UNE VIE ANTÉRIEURE !...
J'ADORE ME VÊTIR COMME EUX ET M'IMPRÉGNER À FOND DE LEURS COUTUMES ANCESTRALES...
C'EST CELA, OUI...
SAVIEZ-VOUS QUE LES INDIENS ADORAIENT LA DANSE ?
ATTENTION, LÀ, AVEC VOTRE HACHETTE !
CHAQUE OCCASION LEUR ÉTAIT BONNE POUR S'Y ADONNER... AVANT OU APRÈS UN AFFRONTEMENT, AVANT DE PARTIR À LA CHASSE,
OU SIMPLEMENT POUR HONORER LEUR DIEU, LE GRAND MANITOU, WAKAN TANKA...
O-WA-HÉ YÉ-HOO...

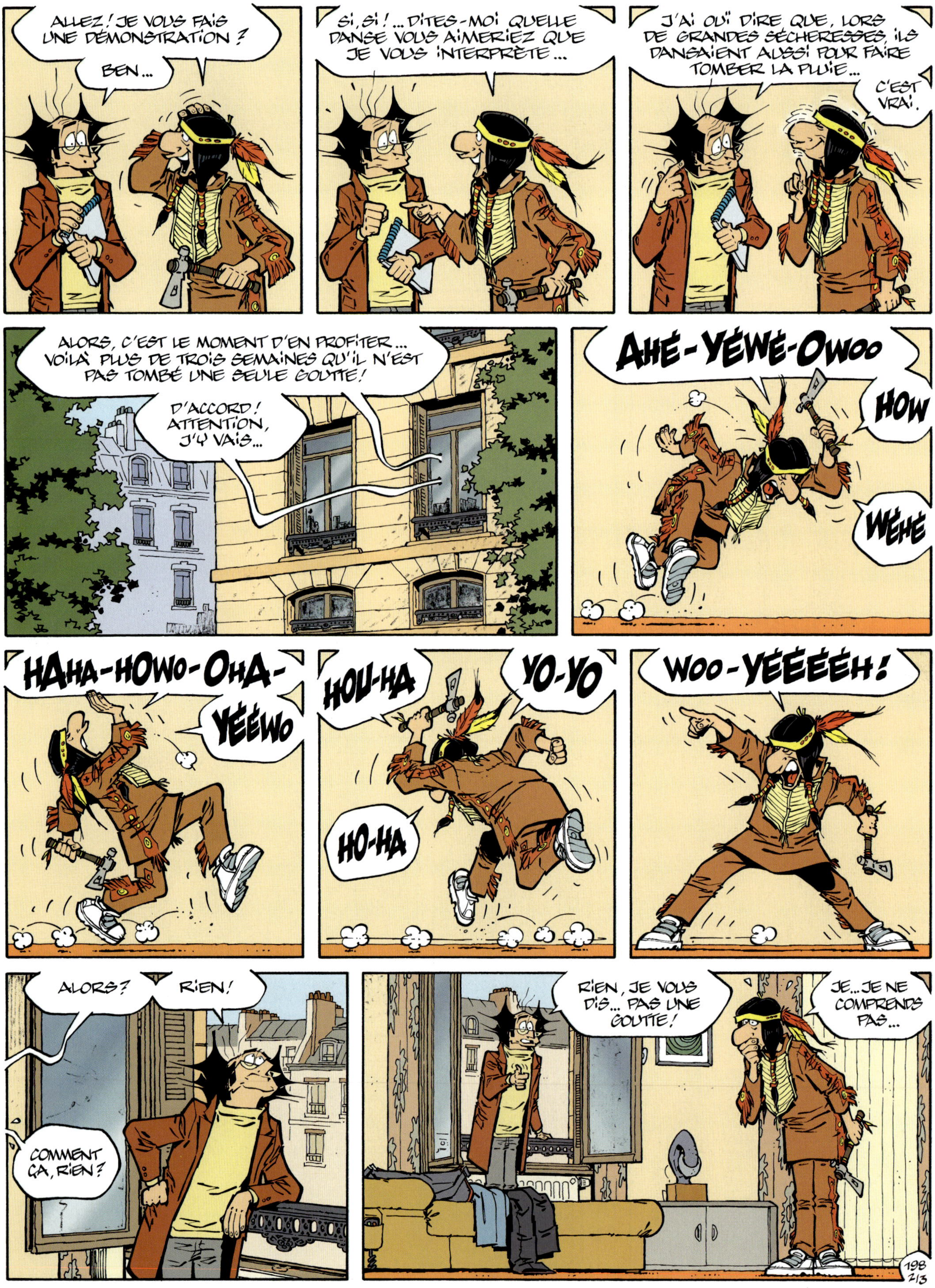
ALLEZ! JE VOUS FAIS UNE DÉMONSTRATION ?
BEN...
SI, SI! ... DITES-MOI QUELLE DANSE VOUS AIMERIEZ QUE JE VOUS INTERPRÈTE...
J'AI OUÏ DIRE QUE, LORS DE GRANDES SÉCHERESSES, ILS DANSAIENT AUSSI POUR FAIRE TOMBER LA PLUIE...
C'EST VRAI.
ALORS, C'EST LE MOMENT D'EN PROFITER... VOILÀ PLUS DE TROIS SEMAINES QU'IL N'EST PAS TOMBÉ UNE SEULE GOUTTE!
D'ACCORD! ATTENTION, J'Y VAIS...
AHÉ-YÉWÉ-OWOO
HOW
WÉHÉ
HAHA-HOWO-OHA-
YÉÉWO
HOU-HA
YO-YO
HO-HA
WOO-YÉÉÉÉH!
ALORS?
RIEN!
COMMENT ÇA, RIEN?
RIEN, JE VOUS DIS... PAS UNE GOUTTE!
JE... JE NE COMPRENDS PAS...
198 2/3

MOI, SI !... JE VAIS VOUS METTRE SOUS SÉDATIF ET VOUS VERREZ, DANS QUELQUES JOURS, VOUS VOUS SENTIREZ DÉJÀ NETTEMENT MIEUX...
COMPLÈTEMENT...
!?
PLIP
PLIP PLIP PLIP PLIP PLIP
QU'EST-CE QUE C'ÉTAIT ?
LE LOCATAIRE DU SECOND... IL ÉTAIT SORTI DE CHEZ LUI EN OMETTANT DE REFERMER LES ROBINETS DE SA BAIGNOIRE !
VOUS VOYEZ BIEN !... PURE COÏNCIDENCE...
OUI... MAIS TOUT DE MÊME...
CE MÉTIER ME RENDRA FOU...
COMPLÈTEMENT FOOOUU !
198 3/3
CAUVIN - SÉDILLE.

Autour de magies

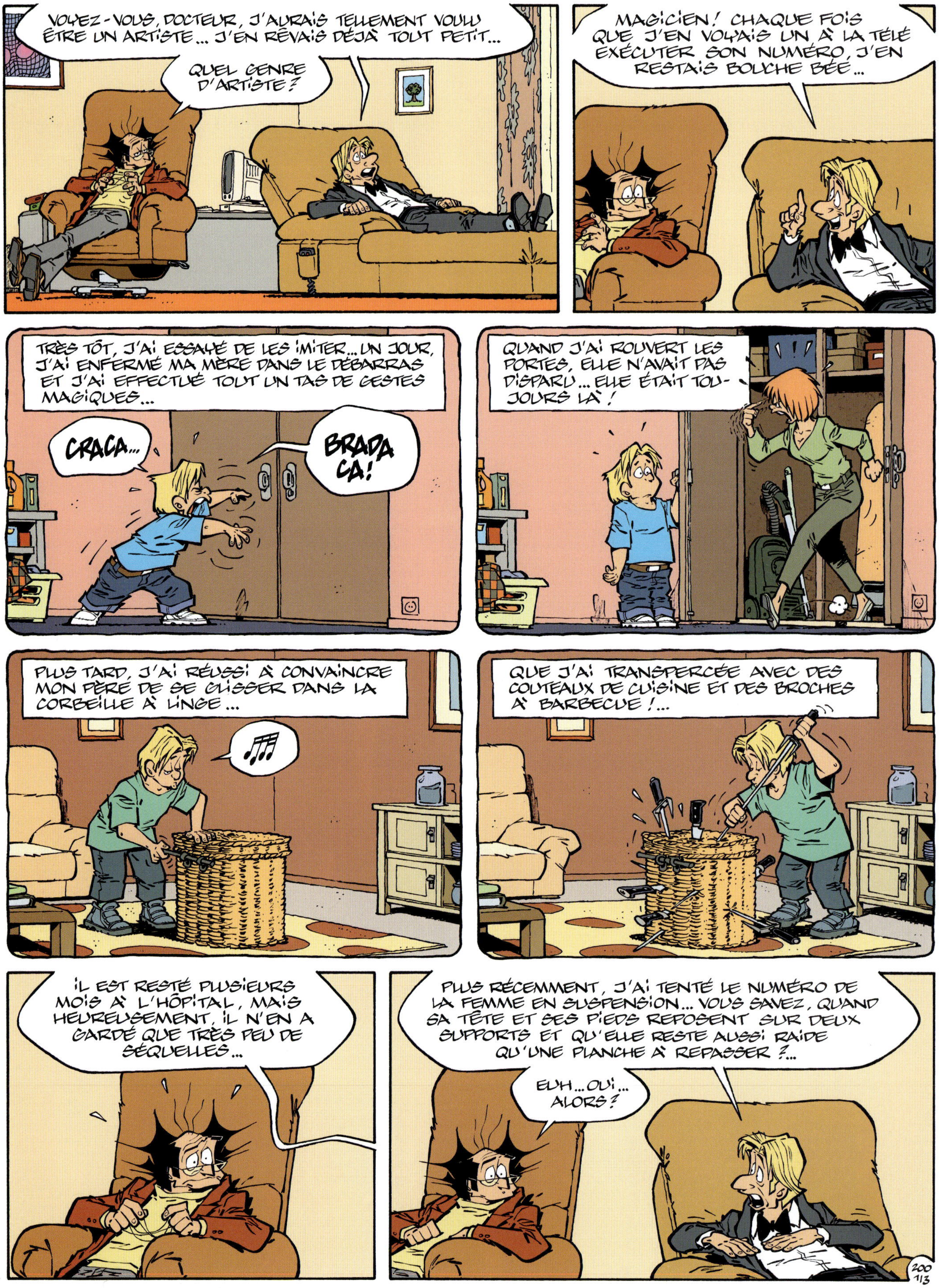

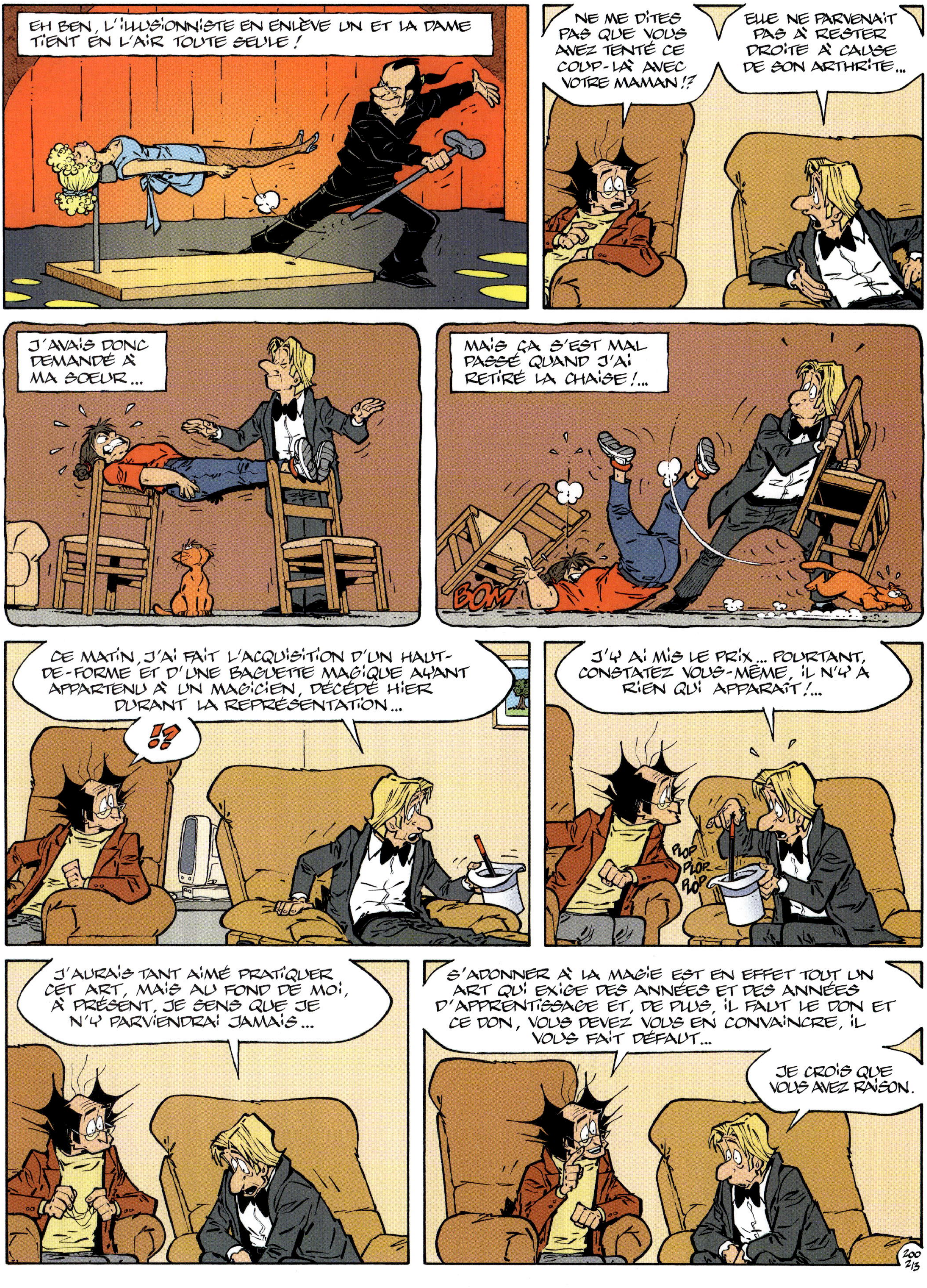
EH BEN, L'ILLUSIONNISTE EN ENLÈVE UN ET LA DAME TIENT EN L'AIR TOUTE SEULE !
NE ME DITES PAS QUE VOUS AVEZ TENTÉ CE COUP-LÀ AVEC VOTRE MAMAN !?
ELLE NE PARVENAIT PAS À RESTER DROITE À CAUSE DE SON ARTHRITE...
J'AVAIS DONC DEMANDÉ À MA SOEUR...
MAIS ÇA S'EST MAL PASSÉ QUAND J'AI RETIRÉ LA CHAISE !...
BOM
CE MATIN, J'AI FAIT L'ACQUISITION D'UN HAUT-DE-FORME ET D'UNE BAGUETTE MAGIQUE AYANT APPARTENU À UN MAGICIEN, DÉCÉDÉ HIER DURANT LA REPRÉSENTATION...
!?
J'Y AI MIS LE PRIX... POURTANT, CONSTATEZ VOUS-MÊME, IL N'Y A RIEN QUI APPARAÎT !...
PLOP
PLOP
PLOP
J'AURAIS TANT AIMÉ PRATIQUER CET ART, MAIS AU FOND DE MOI, À PRÉSENT, JE SENS QUE JE N'Y PARVIENDRAI JAMAIS...
S'ADONNER À LA MAGIE EST EN EFFET TOUT UN ART QUI EXIGE DES ANNÉES ET DES ANNÉES D'APPRENTISSAGE ET, DE PLUS, IL FAUT LE DON ET CE DON, VOUS DEVEZ VOUS EN CONVAINCRE, IL VOUS FAIT DÉFAUT...
JE CROIS QUE VOUS AVEZ RAISON.

CROYEZ-MOI, RENTREZ CHEZ VOUS ET, DÈS AUJOURD'HUI, CONSACREZ-VOUS À TOUT AUTRE CHOSE... ÇA VAUDRA MIEUX POUR TOUT LE MONDE...
!
PLOP PLOP PLOP PLOP PLOP
POF
IL FAUT TE RENDRE À L'ÉVIDENCE, ANTOINE, CE PAUVRE LAPIN AVAIT ÉTÉ OUBLIÉ DANS LE CHAPEAU ET, POUR EN SORTIR, IL A TOUT BÊTEMENT GRIGNOTÉ LE FOND...
PENDANT UN INSTANT, J'Y AI CRU !
KROK
S'ADONNER À LA MAGIE EST TOUT UN ART QUI EXIGE DES ANNÉES ET DES ANNÉES D'APPRENTISSAGE ET, DE PLUS, IL FAUT LE DON ET CE DON, TU DOIS T'EN CONVAINCRE, MON CHÉRI, IL TE FAIT DÉFAUT !...
JE CROIS QUE TU AS RAISON, MON AMOUR...
200 3/3
CAUVIN - BÉDU